# And She Wasn't Damaged

# And She Wasn't Damaged

## Poems for Speaker and Chorus

And Excerpts From
*The Sea Is Your Witness*

by Hagit Vardi

Translated by Daphna Ben Yosef
and Hagit Vardi

Vardi Books
Madison, Wisconsin

*And She Wasn't Damaged*
*Poems for Speaker and Chorus*
And excerpts from
*The Sea Is Your Witness*
Copyright © 2022 Hagit Vardi

Original Hebrew edition of *And She Wasn't Damaged* published by Pardes Publishing (2015)

Original Hebrew edition of *The Sea is Your Witness* published by Pardes Publishing (2016)

Cover design: Steven Driscoll Hixson
Cover image: Ora Lahav – Shealtiel

**Publisher's Cataloguing-in-Publication Data**

Names:      Vardi, Hagit, 1950- author, translator. | Ben Yosef, Daphna, translator. Vardi, Hagit, 1950- Ve-lo hayah bah mum. English and Hebrew | Vardi, Hagit, 1950- Ve-khol ha-yam shom'im. English and Hebrew

Title:      And she wasn't damaged : poems for speaker and chorus : and excerpts from The sea is your witness / by Hagit Vardi ; translated by Daphna Ben Yosef and Hagit Vardi.

Other titles:   Poems. Selections

Description:   First edition. | Madison, Wisconsin : [Vardi Books], [2022] | Bilingual. English and Hebrew on opposing pages. | Vocalized poems. | Contains translations of: Ve-lo hayah bah mum (Ḥefah : Pardes Publishing, 2015) and translations of excerpts from Ve-khol ha-yam shom'im (Ḥefah : Pardes Publishing, 2016).

Identifiers:   ISBN: 979-8-9863255-0-7 (paperback) | 979-8-9863255-1-4 (epub)

Subjects:   LCSH: Child abuse--Psychological aspects--Poetry. | Hebrew poetry. | LCGFT: Poetry. | BISAC: POETRY / Women Authors. | POETRY / Middle Eastern. | FAMILY & RELATIONSHIPS / Abuse / Child Abuse.

Classification:   LCC: PJ5055.47.A684 A6 2022 | DDC: 892.41/7--dc23

Library of Congress Control Number: 2022910229

First Edition
Printed in the United States of America
2 4 6 8 9 7 5 3 1

These poems are dedicated to those who have experienced the expressed emotions

# Contents

# Acknowledgments

I am grateful to my sisters who stood by me as I went through the process of rediscovering my past.

I am indebted to many teachers, therapists and friends who guided me, knowingly or not, during decades of explorations to find awareness, clarity, and eventually acceptance. From psychotherapy, to mind-body modalities, first and foremost among them the Feldenkrais Method, and different systems of energy healing and meditation. Specifically related to the process of writing, I thank Yael Barkai, a dance movement therapist, who asked me to write, "free associations that only you will read," Yakir Ben Moshe for his early encouragement and guidance, and Suzan McVicker, Internal Family Systems therapist, for supporting me to let my parts speak out as they do in this book.

I wouldn't have been able to create the initial English version of these poems without the friendship, support, comments, and suggestions of Dvorah Feldstein and Cathy Spann. I thank Evelyn Pierce, Geri Lipschultz, Jenny Kallick, and Anat Schen for their comments and suggestions on the initial version of the English text, and translator Daphna Ben Yosef for her professionalism, flexibility and sensitivity to my writing style.

I am thankful to David Gottesmann, of Pardes Publishing for allowing me to use the original Hebrew text in this volume, and to Cynthia Frank of Cypress House for her guidance and help in preparing this volume for publication.

Lastly, I thank my husband, Uri Vardi, and my children, Amitai, Shira and Orit, for their love and support throughout this journey.

# The Abyss

**Speaker:**
The void of the mouth
Darkness of dried-out hollow eyes
A muted scream of a baby girl
Falling from innocence

Taken and forsaken
In one stroke

And oblivion — the fountain of bliss
A viper's venom trickles
Into the gaping wound
The abyss

## תהום הפה

**[קריינית]**
תְּהוֹם הַפֶּה
שְׁחוֹר בּוֹרוֹת עֵינַיִם שֶׁיָּבְשׁוּ
צְעָקָה אִלֶּמֶת
שֶׁל תִּינֹקֶת שֶׁאִבְּדָה אֶת רַכּוּתָהּ

נִלְקְחָה וְנִנְטְשָׁה
בְּאוֹתוֹ הָרֶגַע
בְּאוֹתָהּ דַּקָּה

וְהַשִּׁכְחָה — מַעְיַן הָאֹשֶׁר
אֶרֶס צֶפַע מְטַפְטֵף
לְתוֹךְ אוֹתָהּ מַכָּה

## He Who Sowed the Obscene

**Speaker:**
He who sowed the obscene
Has disseminated dismay
Dismissing her
Only her …

**Chorus**:
Only her, only her, only her…

**זרע זרא**

**[קריינית]**
זֶרַע זָרָא
זָרָה מוֹרָא
זָ־רַק אוֹתָהּ

**[מקהלה]**
רַק אוֹתָהּ, רַק אוֹתָהּ, רַק אוֹתָהּ

## As Smoke Rises

**Speaker:**
Black smoke rises
From her nostrils
From each and every cavity
Gushing out in all directions

Utterly oblivious to
Whoever's in her favor
Or demanding her favors

## וכשיצא עשן

**[קריינית]**
וּכְשֶׁיָּצָא עָשָׁן
עָשָׁן שָׁחֹר מִנְּחִירֶיהָ
מִכָּל חֹרֶיהָ
מִלְּפָנִים, מֵהַצְּדָדִים, מֵאֲחוֹרֶיהָ

וְלֹא הִבְחִין
בֵּין דּוֹרְשֵׁי שְׁלוֹמָהּ
וּבֵין דּוֹרְשֶׁיהָ

## And She Wasn't Damaged

**Speaker:**
And she wasn't damaged
Save for a wounded heart
Dressed with bandages and tied
Against evil, against her blood
Behind cloth, behind bars
Cut off from the world outside

And she wasn't maimed
The Mummy
Save for a wounded heart
As the strips dry out
Her hollow expression remains
Pinned to the ground

## ולא היה בה מום

**[קריינית]**

וְלֹא הָיָה בָּהּ מוּם
חוּץ מֵהַפֶּצַע בְּלִבָּהּ
חֲבוּשָׁה
מִכַּף רֶגֶל עַד רֹאשָׁהּ
מְלֻפֶּפֶת מִפֶּגַע רַע, מִדַּם
סוֹרְגֵי בַּד
בֵּינָהּ וּבֵין עוֹלָם

וְלֹא הָיָה בָּהּ מוּם
בַּמּוּמְיָה
חוּץ מֵהַפֶּצַע בְּלִבָּהּ
וְהַבַּדִּים כְּבָר מִתְיַבְּשִׁים
וּמַבָּטָהּ חָלוּל
פּוֹנֶה
אֶל הַקְּרָשִׁים

## Give Me Facts

**Chorus:**
Just stick to the facts.

**Single Chorus Member:**
No constipation, heart strain, feet
Breathing, vomiting, calves
Shuddering, hallucinations, thighs

**Single Chorus Member:**
Give me proof, concrete proof
No secrets, contradictions, or conundrums

**Single Chorus Member:**
A body of evidence – numbered and filed

**Chorus:**
Just the Facts!

## תביאי לי עובדות

**[מקהלה]**
תָּבִיאִי לִי עֻבְדּוֹת
תָּבִיאִי

**[בודדת מתוך המקהלה]**
לֹא עֲצִירוּת
מוּעֶקֶת לֵב
כַּפּוֹת רַגְלַיִם

נְשִׁימָה
הֲקָאוֹת
שׁוֹקַיִם
אוֹ צְמַרְמֹרֶת
הֲזָיוֹת
יְרֵכַיִם

**[בודדת מתוך המקהלה]**
הוֹכָחוֹת בִּלְבַד
נְקֻדָּה
לֹא סוֹדוֹת
לֹא סְתִירוֹת
וְלֹא חִידוֹת

**[בודדת מתוך המקהלה]**
רְאָיוֹת מְמֻסְפָּרוֹת וּמְתֻיָּקוֹת
תָּבִיאִי לִי

**[מקהלה]**
רַק! עֻבְדּוֹת!

## Three Baby Girls

**Speaker:**
The first I named, Muted Scream
Gaping mouth and hollow eyes

The second I called, Mummy
Wrapped with bandages around

The third, the wailing one
I have yet to name

This bruised and bleeding crybaby
Cast away in shame

Perhaps I should name her –
Stain

## שלוש תינוקות

**[קריינית]**
לְאַחַת קָרָאתִי צְעָקָה אִלֶּמֶת
בִּגְלַל הַפֶּה וְהָעֵינַיִם

לַשְּׁנִיָּה מוּמְיָה
בִּגְלַל הַתַּחְבּוֹשׁוֹת

וְלַשְּׁלִישִׁית, לַמְּיַבֶּבֶת
אֵין לִי שֵׁם

דַּוְקָא לַיְּחִידָה שֶׁמִּתְקַשֶּׁרֶת
לַבַּכְיָנִית הַקְּטַנָּה עִם הַכְּאֵב וְהַדָּם
אֵין שֵׁם

אָז אוּלַי אֲנִי פָּשׁוּט אֶקְרָא לָהּ
מְפַקֶּרֶת

## No More Bullshit

**Speaker:**
No more bullshit
She stated in her own way
And added -

I am tired of being the warden
Of endless twilight realms
But you won't get the key
Being blind to dreadful scenes

The rules of the game have changed
From now on stop delaying
You must connect the dots
See the scheme or keep on paying

For as memory keeps receding
The void becomes a wasted land
And if ever you wish to forgive
You better know where you stand

## נו מור בולשיט

**[קריינית]**
נוֹ מוֹר בּוּלְשִׁיט
הִיא סִמְּנָה בִּשְׂפָתָהּ
וְהוֹסִיפָה

עָיַפְתִּי מִלִּהְיוֹת סוֹהֶרֶת
בְּמַמְלֶכֶת דִּמְדּוּמִים
אֲבָל לֹא תְּקַבְּלִי מַפְתֵּחַ
כָּל עוֹד אַתְּ מִתְחַזָּה לְעִוֶּרֶת
בּוֹרַחַת מִמַּרְאוֹת אֲיֻמִּים

חֻקֵּי הַמִּשְׂחָק הִשְׁתַּנּוּ
וְהַחֹק הוּא שֶׁאֵין מִשְׂחָקִים
תִּצְטָרְכִי לְחַבֵּר נְקֻדּוֹת
וּלְהִסְתַּכֵּל לַתְּמוּנָה בַּפְּרָטִים

כִּי בִּזְמַן שֶׁהַזִּכָּרוֹן בְּשֵׁפֶל
תִּזְרֹם לַנְּקִיקִים הַשְּׁמָמָה
וְאִם אֵי פַּעַם תַּחְלִיטִי לִסְלֹחַ
כְּדַאי שֶׁתֵּדְעִי עַל מָה

## Like a Clamp

**Speaker:**
Like a clamp it gripped me
This comprehension
Forcing me to acknowledge
The bare deception
It made me curse
Wishing him the worst

And then -
The wailing muted dried-eyed bandaged girl
Closed her eyes for a moment
Took a deep breath

Breaking the dam
Releasing her tears
Held back for sixty years

## כמו צבת

**[קריינית]**
כְּשֶׁתָּפְסָה אוֹתִי מֵאָחוֹר
כְּמוֹ צְבָת
הַהֲבָנָה
וְהִכְרִיחָה אוֹתִי
לְהִסְתַּכֵּל בַּפַּרְצוּף
לַמִּרְמָה
קִלַּלְתִּי אוֹתוֹ
בַּקְּלָלָה
הֲכִי אֲיֻמָּה

וְאָז
הַמְּיַבֶּבֶת־בְּלִי־קוֹל־עִם־הָעֵינַיִם־הַיְּבֵשׁוֹת־וְהַתְּחִבּוּשׁוֹת
עָצְמָה אֶת הָעֵינַיִם
לְרֶגַע,
וְלָקְחָה נְשִׁימָה

שֶׁסָּדְקָה אֶת הַחוֹמָה
דַּרְכָּהּ פָּרַץ הַבֶּכִי
שֶׁחִכָּה שִׁשִּׁים שָׁנָה

## And Earth Was Not Without Form and Void

**Speaker:**
And earth is in perfect shape and order
And light is upon the face of the deep
His spirit no longer hovers
Today

And apart from the core narrative
Everything falls into place
As if all has become clear
As day

From the terror of her nightmare
From the excruciating pain
She arrived safe and sound
To this day

She raises her face
Spreading smiles to the world
As if unaware
This is only the beginning of
A long, long way

## והארץ לא הייתה תוהו ובוהו

**[קריינית]**

וְהָאָרֶץ בְּסֵדֶר מוֹפְתִי
וְאוֹר עַל פְּנֵי תְּהוֹם
וְרוּחוֹ אֵינָהּ מְרַחֶפֶת
הַיּוֹם

וְחוּץ מִלְּבַּת הַסִּפּוּר
הַכֹּל נוֹפֵל לַמָּקוֹם
וּבָרוּר שֶׁלֹּא הָיָה זֶה
חֲלוֹם

בַּלָּהוֹת כְּבָר לֹא מִתְיַצֵּב פֹּה
כְּאֵב הָלַךְ לְדַרְכּוֹ
שְׁנֵיהֶם הֱבִיאוּהָ שְׁלֵמָה
עַד הֲלוֹם

פָּנֶיהָ פּוֹנוֹת מַעְלָה
שׁוֹלַחַת חִיּוּךְ לָעוֹלָם
כְּאִלּוּ אֵינֶנָּה יוֹדַעַת
שֶׁזֹּאת רַק הַתְחָלַת הַדֶּרֶךְ
לְשָׁלוֹם

## I Met Myself in My Dream

**Speaker:**
I met myself in my dream –
A sixteen-year-old
Skinny and sad
Wasted on the sand
Barely breathing

What do you need? I asked
Revenge, she answered
Tired of being idle
Drained from holding back rage
I need my revenge

How can we get revenge? I asked
We'll write, she said
*Write!*
And don't you erase or embellish

Let me write

## פגשתי אותי בחלום

**[קריינית]**

פָּגַשְׁתִּי אוֹתִי בַּחֲלוֹם —
בַּת שֵׁשׁ עֶשְׂרֵה
רָזָה
עֲצוּבָה
שְׁפוּכָה עַל הַחוֹל
בְּקֹשִׁי נוֹשֶׁמֶת

מָה אַתְּ צְרִיכָה, שָׁאַלְתִּי

נְקָמָה, הִיא עָנְתָה,
מַה שֶׁמַּתִּישׁ אוֹתִי
זֶה חֹסֶר הַמַּעַשׂ,
אֵין לִי כְּבָר כֹּחַ
לִבְלֹעַ תַּ'כַּעַס —
אֲנִי צְרִיכָה נְקָמָה

וְאֵיךְ נִנְקֹם, שָׁאַלְתִּי

נִכְתֹּב, הִיא אָמְרָה, נִכְתֹּב,
אַל תְּיַפִּי לִי,
וְאַל תְּמַחֲקִי לִי,

תְּנִי לִי לִכְתֹּב

# Like a Stranger

**Speaker:**
Like a stranger
He sowed the obscene
Disseminated dismay
Dismissing her

**Chorus:**
Not Only Her!

## כזר

**[קריינית]**
כְּזָר
זָרַע זָרָא
זָרָה מוֹרָא
זָ־רַק אוֹתָהּ

**[מקהלה]**
לֹא־רַק אוֹתָהּ

## Avinu Malkenu

**Speaker (Chorus repeats each line):**
Our father, our aggressor
Be gracious, don't answer
For we have experienced the acts

Deal kindly with us
And don't ask for mercy
Just simmer and burn
Get out of our lives

We will redeem and save ourselves

## אבינו מלקנו

**[קריינית]**
אָבִינוּ מַלְקֵנוּ
חָנֵּנוּ
וְאַל תְּעַנֵּנוּ
כִּי יֵשׁ בָּנוּ מַעֲשִׂים

עֲשֵׂה עִמָּנוּ חֶסֶד
וְאַל תְּבַקֵּשׁ רַחֲמִים
תִּצְלֶה בְּשֶׁקֶט
וְצֵא לָנוּ מֵהַחַיִּים

**[מקהלה]**
אֲנַחְנוּ כְּבָר נוֹשַׁעְנוּ

## I Have Searched

**Chorus:**
I've searched
I've searched for a curse
A particular phrase
To shout in high pitch
Broad and precise
True and sincere
A fitting curse
For the Son of a Bitch

**Chorus Member:**
It's not that I couldn't find one

**Chorus:**
It doesn't exist

**חיפשתי**

[מקהלה]
חִפַּשְׂתִּי
חִפַּשְׂתִּי קְלָלָה
חִפַּשְׂתִּי קְלָלָה מְיֻחֶדֶת בְּמִינָהּ
מַרְגִּיעַת נְשִׁימָה
מַקִּיפָה וּמְדֻיֶּקֶת
נְכוֹנָה וַאֲמִינָה
לַבֶּן־זוֹנָה

[קריינית]
זֶה לֹא שֶׁלֹּא מָצָאתִי

[מקהלה]
אֵין!

## Monster

**Chorus:**
Mon-Mon the monster is dead

**Chorus Member:**
Regrettably, though
It was not by my hand

## מפלץ

**[מקהלה]**
מִפְלֶצֶ־פְלֶצֶ־פְלֶצָאאאאאאאאאאאאאאאאאאאאאאא־־־־־־ת
מֵת

**[בודדת מתוך המקהלה]**
רַק חֲבָל שֶׁלֹּא **אֲנִי** הָרַגְתִּי אוֹתוֹ

**[מקהלה]**
שְׁתַּיִם
שָׁלוֹשׁ
אַרְבַּעעעעעע

בּוּם

## Everything Was Written

**Chorus:**
She spent her life digging
She spent her life brooding
Every day she saw it all
And yet –
She was blind

**Chorus Member:**
Everything was written, printed
Large spacing between the lines
Punctuation
Repetition
Accentuation

**Chorus:**
She spent her life digging
She wasted it, brooding
Every day she saw it all
And yet –
She was blind

**Chorus Member:**
The road has been laid
Graveled and paved
The Ribbon was cut
She turned
The other
Way

## הכול היה כתוב

**[מקהלה]**
כָּל הַחַיִּים חוֹפֶרֶת
כָּל הַחַיִּים נוֹבֶרֶת
כָּל הַחַיִּים רוֹאָה
כָּל הַחַיִּים עִוֶּרֶת

**[קריינית]**
הַכֹּל הָיָה כָּתוּב
מֻדְפָּס
רְוָחִים בֵּין הַשּׁוּרוֹת
פִּסּוּק
דְּגֵשִׁים
חֲזָרוֹת

**[מקהלה]**
כָּל הַחַיִּים חוֹפֶרֶת
כָּל הַחַיִּים נוֹבֶרֶת
יוֹדַעַת לֹא יוֹדַעַת
כָּל הַחַיִּים עוֹצֶרֶת

**[קריינית]**
הַדֶּרֶךְ חֲצוּבָה
כֻּלָּהּ חָצָץ שָׁפוּךְ
הַסֶּרֶט,
גָּזוּר
הִיא סוֹבְבָה אֶת הַשֶּׁלֶט
הָפוּךְ

**Chorus:**
She spent her life digging
She wasted it, brooding
Pretending not to see
She pulled and shut the blinds

**Chorus Member:**
Each day she pushed away her past
Each day she locked herself behind
Everything would have been different
If only she wasn't blind

**[מקהלה]**
כָּל הַחַיִּים חוֹפֶרֶת
כָּל הַחַיִּים נוֹבֶרֶת
כָּל הַחַיִּים רוֹאָה
כָּל הַחַיִּים עִוֶּרֶת

**[קריינית]**
כָּל הַחַיִּים קוֹבֶרֶת
כָּל הַחַיִּים שׁוֹמֶרֶת
הַכֹּל הָיָה אַחֶרֶת
אִם לֹא הָיְתָה עִוֶּרֶת!

## I Cut the Branch

**Speaker:**
I cut the branch that banged the roof
And now my tree is bare

I sawed the branch that brought down the roof
The damage is beyond repair

## חתכתי ענף

[קריינית]
חָתַכְתִּי עָנָף שֶׁטִּפֵּס עַל הַגַּג
וְעַכְשָׁו הָעֵץ שֶׁלִּי עָקֹם

נִסַּרְתִּי תַּ'עָנָף שֶׁהָרַס אֶת הַגַּג
וְאֵין אֶפְשָׁרוּת לְשַׁקֵּם

## Sorry

**Speaker:**
Sorry
He wrote before his escape
Sorry for what?
The question kept nagging

Sorry
He implied by his final breath
Yet another conundrum
The mystery unwrapping

## סליחה

**[קריינית]**
סְלִיחָה
הוּא כָּתַב לִפְנֵי הַבְּרִיחָה
וְלֹא יָדַעְנוּ עַל מַה צָרִיךְ לִסְלֹחַ

סְלִיחָה
הוּא רָמַז לִפְנֵי הַנְּפִיחָה
וְהִצְפִּין עוֹד חִידָה אַחַת
בַּמֹּחַ

## What Took You So Long, Father?

**Chorus:**
What took you so long, what took you so long,
What *took* you so long?
What the _ _ _ _took you so long?

**Chorus Members (one line each):**
Did you lose the belt?
Wasn't hell ready yet?
Were there no more little girls?
No more baby curves to pet?

**Chorus:**
What took you so long, what took you so long,
What *took* you so long?
What the *fuck* took you so long?

**Chorus Member:**
There will be no forgiveness
Or absolution
And don't you rest in peace

## What Took You So Long, Father?

**[מקהלה]**
What took you so long, What took you so long,
What *took* you so long?
What the ____ took you so long?

**[חברות מקהלה בודדות. כל אחת משפט]**
לֹא מָצָאתָ חֲגוֹרָה?
לֹא הָיְתָה עוֹד מְדוּרָה?
נִגְמְרוּ הַתִּינוֹקוֹת?
לֹא הָיוּ כְּבָר מְתוּקוֹת?

**[מקהלה]**
What took you so long, What took you so long,
What *took* you so long?
What the *fuck* took you so long?

**[בודדת מתוך המקהלה]**
לֹא תִּהְיֶה סְלִיחָה, לֹא מְחִילָה, וְלֹא יִהְיֶה שָׁלוֹם!

## The Overwhelming Understanding

**Speaker:**
The overwhelming understanding
The fiery fury that was burning
Exhausted to sedation
My body no longer knew
How to unleash the wrath
Despite
The obvious
Justification

## הידיעה שהממה

**[קריינית]**
הַיְדִיעָה שֶׁהָמְמָה
הַחֵמָה שֶׁשָּׂרְפָה
הַתְּשִׁישׁוּת שֶׁסִּמְּמָה
עַד שֶׁהַגּוּף —
לֹא יָדַע כְּבָר אֵיךְ לִכְעֹס
לַמְרוֹת,
שֶׁיָּדַע,
עַל מָה

## Blue

**First time: Speaker. Second time: Chorus.**
Blue is the color
No doubt
My favorite color to be

But pointless to choose
'Cause now –
A bucket of blue
Is pouring down on me

## כחול

[פעם ראשונה קריינית ופעם שניה מקהלה]

כָּחֹל הוּא צֶבַע בִּשְׁבִילִי
כֵּן
תָּמִיד אָמַרְתִּי הוּא שֶׁלִּי

אֲבָל עַכְשָׁו הַכֹּל שׁוּלִי
כִּי עַכְשָׁו —
כָּחֹל נִשְׁפָּךְ עָלַי
נִשְׁפָּךְ עָלַי מִדְּלִי

## Imagine

**Speaker:**
Imagine a blue ball
Bouncing up to the sky

…an oak tree
With needles of pine

…a kitten
Napping next to a wolfdog

... a donkey with horns
A jackal –
Ferocious and drooling

Now –
Imagine that is your father

## דמייני

**[קריינית]**
דַּמְיְנִי כַּדּוּר כָּחֹל
שֶׁקּוֹפֵץ עַעַעַ־ד לַשָּׁמַיִם

דַּמְיְנִי עֵץ אַלּוֹן
עִם מְחָטִים שֶׁל אֹרֶן

דַּמְיְנִי חֲתַלְתּוּל
מְנַמְנֵם עַל יַד כֶּלֶב זְאֵב

דַּמְיְנִי תַּן
שֶׁהוּא חֲמוֹר עִם קַרְנַיִם
הוּא רַע
וְהוּא רָעֵב

וְעַכְשָׁו
דַּמְיְנִי שֶׁהוּא אַבָּא שֶׁלָּךְ

## Suddenly One Morning

**Speaker:**
Suddenly one morning
You realize the sham
With unthinkable dread

Suddenly one morning
You figure out your life
Wishing to be dead

## פתאום

פִּתְאוֹם קָם אָדָם בַּבֹּקֶר
מַבְחִין בַּמִּרְמָה
אֲבָל לֹא מֵבִין אֶת הָרֹעַ

פִּתְאוֹם קָם אָדָם בַּבֹּקֶר
מֵבִין אֶת חַיָּיו
וְרוֹצֶה לִגְוֹעַ

## Anything You Have Done, Mother

**Speaker:**
Anything you have done
I have done better

**Chorus:**
And that includes:
Neglect
Desertion
Evasion, suppression
Denial and repression

## כל מה שעשית

**[קריינית]**
כָּל מַה שֶׁעָשִׂית
אֲנִי עָשִׂיתִי טוֹב יוֹתֵר

**[מקהלה]**
וְזֶה כּוֹלֵל:
הַזְנָחָה,
נְטִישָׁה,
בְּרִיחָה
שִׁכְחָה
הַדְחָקָה וּמְחִיקָה

## Temporary

**Speaker:**
This morning
When the lump in my throat dissolved
And the block on my chest cracked a bit
I took a breath

Though I knew
The lump would return
The cement would harden and set
Still I could see
In every aspect
Fractions of me

This morning I cracked a smile
And breathed a sigh of relief
Knowing all the while
This, too, is likely to be
Temporary

## זמני

**[קריינית]**
הַבֹּקֶר
כְּשֶׁהַצְּמִיגוּת בַּגָּרוֹן הִתְמוֹסְסָה קְצָת
וְהַבְּלוֹק עַל הֶחָזֶה נִסְדַּק
לָקַחְתִּי נְשִׁימָה

וְיָדַעְתִּי
שֶׁהַצְּמִיגוּת עוֹד תַּחְזֹר וְאוּלַי תִּתְרַבֶּה
הַבֶּטוֹן וַדַּאי יִתְחַזֵּק וְיִתְעַבֶּה
אַךְ הִבְחַנְתִּי
שֶׁזֶּה אֲנִי
וְגַם זֶה
וְגַם זֶה אֲנִי

אָז הַבֹּקֶר
שָׁאַפְתִּי חִיּוּךְ
וְנָשַׁפְתִּי לִרְוָחָה
לַמְרוֹת
וְאוּלַי בִּגְלַל
שֶׁגַּם זֶה זְמַנִּי

## We Have Chosen You

**Chorus members (individually, one sentence each):**
We have chosen you from all the fathers
To learn to love and thrive

We have chosen you from all the fathers
To teach us to trust
And be kind

We chose you, father
To lift us when we fall

We reached out to you
As your burden took its toll

**Speaker:**
This poem is not about
An empty water trough
Or a broken one

But a poisoned trough of venom –
Your deceptive voice

Betraying us
Was your choice

## בך בחרנו

**[בודדות מתוך המקהלה. כל אחת משפט]**

בְּךָ בָּחַרְנוּ מִכָּל הָאָבוֹת
לִלְמֹד לֶאֱהֹב, לִגְדֹּל

אוֹתְךָ בָּחַרְנוּ מִכָּל הָאָבוֹת
שֶׁתְּלַמֵּד אוֹתָנוּ לִבְטֹחַ
בָּעוֹלָם הַגָּדוֹל

בְּךָ בָּחַרְנוּ מִכָּל הָאָבוֹת
שֶׁתִּתְמֹךְ כְּשֶׁנִּפֹּל

לְךָ בָּחַרְנוּ מִכָּל הָאָבוֹת
לְהוֹשִׁיט יָד —
כְּשֶׁכָּבֵד הָעֹל

**[קריינית]**

זֶהוּ לֹא שִׁיר עַל שֹׂקֶת רֵיקָה
וְלֹא עַל שֹׂקֶת שְׁבוּרָה

זֶה שִׁיר עַל שֹׂקֶת עִם אֶרֶס
רַעַל מְצֻפָּן —
שִׁיר עַל סוֹד

כִּי אַתָּה
בָּחַרְתָּ
בָּנוּ
לִבְגֹּד

## The Prize

**Chorus Members (individually):**
So now –
That the muck has finally surfaced
Will you win a prize?

Will you no longer be afraid of the dark –
Or when the morning breaks?

Will you step on the accelerator –
Or keep your foot on the brake?

Will you see the kitten in a cat
Or a hungry tiger's shape?

If that's not the case
For now –
Your gain will remain
An excruciating pain

**פרס**

**[בודדות מתוך המקהלה]**
אָז עַכְשָׁו —
כְּשֶׁהַכֹּל עָלָה וְצָף —
הַאִם תִּזְכִּי בְּאֵיזֶה פְּרָס?

כְּבָר לֹא תִּפְחֲדִי בַּחֹשֶׁךְ?
אוֹ בָּאוֹר?

תִּסְעִי עִם רֶגֶל עַל דַּוְשַׁת הַגָּז
בִּמְקוֹם הַמַּעֲצוֹר?

תִּרְאִי בַּחֲתַלְתּוּל חָתוּל
וְלֹא נָמֵר רָעֵב?

כִּי אִם לֹא —
אָז בֵּינְתַיִם
הַזְּכִיָּה שֶׁלָּךְ
מִסְתַּכֶּמֶת
בִּכְאֵב

## It May Well Be

**Speaker:**
It may well be
I have to take myself apart
Then put myself together anew

It may well be
Now the time is right
Although it was a long time due

If asked before the blast
I wouldn't have been motivated

But then – I didn't know
I wasn't liberated

## יכול להיות

**[קריינית]**
יָכוֹל לִהְיוֹת
שֶׁאֶצְטָרֵךְ לְהִתְפָּרֵק לַחֲלָקִים
וּלְהַרְכִּיב מֵחָדָשׁ קְצָת אַחֶרֶת

יָכוֹל לִהְיוֹת
שֶׁזֶּה הַזְּמַן
לַמְרוֹת שֶׁהַשָּׁעָה מְאֻחֶרֶת

אִם הָיִית שׁוֹאֶלֶת אוֹתִי לִפְנֵי הַמִּפָּץ
לֹא אֶת זֶה הָיִיתִי בּוֹחֶרֶת

אֲבָל אָז —
גַּם לֹא יָדַעְתִּי
שֶׁאֲנִי לֹא אִשָּׁה מְשֻׁחְרֶרֶת

## Such a Shame

**Speaker:**
Such a shame, those who endure
My poisonous concoction for you

Their hearts have been split by an arrow
I should have aimed at you

They pay your outstanding debt
A debt that can't be made right

If only it had been exposed
Before you took your flight

## חבל

**[קריינית]**

חֲבָל
עַל מִי שֶׁסּוֹפְגִים אֶת הַחֲמִצָה
שֶׁהָיְתָה מְיֹעֶדֶת
לָךְ

שֶׁאֶת לִבָּם פִּלֵּחַ
הַחֵץ שֶׁעָלָיו הָיָה כָּתוּב
שִׁמְךָ

שֶׁמְּשַׁלְּמִים אֶת הַחוֹב
שֶׁמָּרַחְתָּ

חוֹב
שֶׁלֹּא הָיָה נִמְחָק
גַּם אִם הָיָה מִתְגַּלֶּה
לִפְנֵי שֶׁבָּרַחְתָּ

## In the Calm

**Speaker:**
After the storm
The hesitation of birds is absorbed
By the silence of fallen branches
Lying heavily on a muddy path
Covered with stones and debris

And the air –
Clear and pure
Unpretentious and supportive as usual
As if urging me –
Expand your lungs
Raise your eyes
Look to the horizon
And dare to take a first step

In the calm after the storm
You are whole

## בשקט אחרי הסערה

**[קריינית]**

בַּשֶּׁקֶט אַחֲרֵי הַסְּעָרָה
הַסּוּס צִפּוֹרִים
נִבְלַע
בְּדִמְמַת עֲנָפִים
מוּטָלִים בִּכְבֵדוּת
עַל דֶּרֶךְ
בּוֹצִית וּסְמִיכָה
זְרוּעַת אֲבָנִים
וְאַשְׁפָּה

וַאֲוִיר —
זַךְ
צָלוּל
סוֹמֵךְ בְּדַרְכּוֹ הַצְּנוּעָה
כְּאוֹמֵר:
פִּרְשִׂי רֵאוֹתַיִךְ
הָרִימִי עֵינַיִךְ
הַבִּיטִי לָאֹפֶק
וְהָעֵזִּי צַעַד רִאשׁוֹן

כִּי אַתְּ —
שְׁלֵמָה

## When It Came to Myself

**Speaker:**
While helping a stranger in need
When it came to myself
I was numb

I came out deaf
From the echoing cave
Unable to listen to the whisperings
Of my own heart

I chose to run
When darkness intruded
I couldn't trust
Myself included

## רק לעצמי לעזור לא ידעתי

[קריינית]
רַק לְעַצְמִי לַעֲזֹר לֹא יָדַעְתִּי
בַּצַּר לְזָר
הָיִיתִי

אֶת רַחַשׁ לִבִּי
לֹא שָׁמַעְתִּי
מִמְּעָרַת הַהֵדִים
חֵרֶשֶׁת יָצָאתִי

בְּרֶדֶת הַחֹשֶׁךְ
בָּחַרְתִּי לִבְרֹחַ
גַּם בְּעַצְמִי
לֹא יָדַעְתִּי לִבְטֹחַ

# The Lotus Are Here Again

**Speaker:**
The lotus pads peek out again
Circles and circles
Conquering the water surface

A working day?
A holiday?
A day

It is spring again
Summer will follow
And the lotus will burst into bloom

As if nothing ever happened
As if nothing had shattered
The landscape of my life

## שוב בוקעים עלי הנופר

**[קריינית]**

שׁוּב בּוֹקְעִים עֲלֵי הַנּוּפָר
עִגּוּלִים עִגּוּלִים כּוֹבְשִׁים אֶת הַמַּיִם

יוֹם עֲבוֹדָה?
יוֹם מְנוּחָה?
יוֹם

שׁוּב הָאָבִיב
הַקַּיִץ יַגִּיעַ
וּפְרִיחַת הַנּוּפָר תִּפְרֹץ

כְּאִלּוּ כְּלוּם לֹא קָרָה
כְּאִלּוּ תְּמוּנַת חַיַּי
לֹא הִתְרַסְּקָה

## Last Year

**Speaker:**
I wrote poems
Serious and sincere
When I couldn't even see
Straight

Concealing contradictions
To validate myself
And he, who was already
Dead

A cold white sun was smiling then
A tangerine moon blazed with a glow

Now dissolved and faded out
Gone like last year's snow

## אשתקד

**[קריינית]**
כָּתַבְתִּי שִׁירִים
כֵּנִים לְהַפְלִיא
כְּשֶׁלֹּא הֵבַנְתִּי אֶת הָאֱמֶת

הִסְתַּרְתִּי סְתִירוֹת
כְּמוֹ מִתּוֹךְ תּוֹבָנָה
עַל עַצְמִי וְעַל מִי שֶׁכְּבָר מֵת

שֶׁמֶשׁ לְבָנָה חִיְּכָה אָז
יָרֵחַ כָּתֹם יָקַד

מֵאָז כָּל זֶה נָמַס, הִתְאַדָּה
כְּמוֹ שֶׁלֶג
דְּאֶשְׁתָּקַד

## Trust

**Speaker:**
He is trustworthy
My mother said
That's all that mattered to her

**Chorus:**
Trust him
In the heat
In the cold
In the face of a dangerous world

**Speaker:**
She trusted him
With eyes closed tight
And paid
A steep
Price

## אפשר לסמוך עליו

**[קריינית]**
אֶפְשָׁר לִסְמֹךְ עָלָיו
אִמִּי אָמְרָה
וְזֶה בִּשְׁבִילָהּ הָעִקָּר

**[מקהלה]**
לִסְמֹךְ עָלָיו
כְּשֶׁלּוֹהֵט
כְּשֶׁקַּר
כְּשֶׁהַכֹּל מִסָּבִיב מְנֻכָּר

**[קריינית]**
בְּעֵינַיִם עֲצוּמוֹת
הִיא סָמְכָה עָלָיו
וּשְׁלֹמֹה
מְחִיר
יָקָר

## Conscientious

**Chorus Member:**
He worked like two people
For the common good

**Chorus:**
He was a conscientious man

**Chorus Member:**
Angered by folly
Riled by injustice

**Chorus:**
A vehement ethics fan

**Chorus Member:**
A sensible person
Autodidact

**Chorus:**
Following an earnest plan

**Chorus Member:**
Always on time
He never cut corners

**Chorus:**
He was a conscientious man

## מצפוני

**[בודדת מתוך המקהלה]**
הוּא עָבַד בִּשְׁבִיל שְׁנַיִם
לְמַעַן הַכְּלָל

**[מקהלה]**
הָיָה אָדָם מַצְפּוּנִי

**[בודדת מתוך המקהלה]**
הִתְרַעֵם עַל בִּזְבּוּז
מָחָה עַל עָוֶל

**[מקהלה]**
נִלְהָב
קוֹלָנִי

**[בודדת מתוך המקהלה]**
אָדָם עִם רֹאשׁ
אוֹטוֹ־דִּידַקְט

**[מקהלה]**
אִישׁ מְאֹד רְצִינִי

**[בודדת מתוך המקהלה]**
הִגִּיעַ בַּזְּמַן
לֹא עָשָׂה קִצּוּרִים

**[מקהלה]**
הוּא הָיָה אָדָם
מַצְפּוּנִי

## Three Things

**Speaker:**
Three things
My soul cannot forgive

The deceit
The malice
And the theft of faith

## על שלושה דברים

**[קריינית]**
עַל שְׁלוֹשָׁה דְּבָרִים
קָצְרָה נַפְשִׁי מִלְּסָלְחַ

עַל הַמִּרְמָה
וְעַל הָרֹעַ
וְעַל גְּנֵבַת הָאֱמוּנָה

## She Doesn't Cry

**Speaker:**
No,
She doesn't cry
The swollen eye

In a moonless night
Barefoot she gets by

On the jagged edges
Of an endless lie

## היא לא בוכה

**[קריינית]**
לֹא,
הִיא לֹא בּוֹכָה
כּוֹאֶבֶת נְפוּחָה

בְּלַיְלָה בְּלִי יָרֵחַ
מְשׁוֹטֶטֶת יְחֵפָה

בֵּין שִׁבְרֵי הַהַבְטָחָה

## It's Time

**Chorus members (individually):**
It's time to quit whining
To kick
To throw fists
Up, in the air

To growl
pout
Lose your face
Scream and swear

You are okay just as you are
This is the starting line

Take a breath, stretch yourself
Don't wait for the gun

**Chorus:**
Life is not always kind

## הגיע הזמן

**[בודדות מתוך המקהלה]**
הִגִּיעַ הַזְּמַן
לְהַפְסִיק לְיַלֵּל
לְבְעֹט
לְהָנִיף אֶגְרוֹפִים

לְחַרְחֵר
לְגַדֵּף
לְשְׁבֹּר תַּ'כֵּלִים
לְהִתְקַרְנֵף
לַעֲשׂוֹת פַּרְצוּפִים

מַה שֶׁאַתְּ —
זֶה בְּסֵדֶר
וְזֶהוּ קַו הַזִּנּוּק

תִּתְמַתְּחִי
קְחִי אֲוִיר
אַל תְּחַכִּי לַיְּרִיָּה

**[מקהלה]**
מַסְפִּיק!
עִם הַפִּנּוּק

# Have Faith

**Chorus Members (individually):**
The walls of Jericho
Survived six rounds
While you are struggling in the second

The Israelites didn't bang their heads against the wall
Or risk their lives
They took their time
Believing they would arrive

And despite the curves life throws
Or perhaps because
The bricks would come tumbling down
And fall into place
In front of their eyes

Only then,
As they seize the bull
They would grab it by the horns
And expose the lies

## תתאזרי באמונה

**[בודדות מתוך המקהלה]**

חוֹמוֹת יְרִיחוֹ נָפְלוּ
בַּסִּיבוּב הַשְּׁבִיעִי
וְאַתְּ עָשִׂית
בְּקֹשִׁי שְׁנַיִם


אִם אֲנִי זוֹכֶרֶת טוֹב אֶת הַסִּפּוּר
בְּנֵי יִשְׂרָאֵל לֹא הֵטִיחוּ רֹאשָׁם בַּחוֹמָה
אוֹ שָׂמוּ נַפְשָׁם עַל כַּף הַמֹּאזְנַיִם
הֵם גַּם לֹא רָצוּ
אֶלָּא הָלְכוּ בַּעֲצַלְתַּיִם


מַאֲמִינִים
שֶׁגַּם אִם הַדֶּרֶךְ סִיבוּבִית
וְאוּלַי דַּוְקָא בִּגְלַל —
אַבְנֵי הַחוֹמָה יִפְּלוּ אַפַּיִם
וְהַתְּמוּנָה תִּתְבַּהֵר
מוּל הָעֵינַיִם


רַק אָז
כְּשֶׁיַּגִּיעוּ אֶל הַשּׁוֹר
הֵם יֹאחֲזוּ בּוֹ
בַּקַּרְנַיִם

## I Met Myself on the Lawn

**Speaker:**
I met myself on the lawn
Barefoot, tender, calm
Wearing a light white dress

Enchanting whiteness
As afternoon rays colored the skies

Closer then
We shared a smile
From deep in the eyes

## פגשתי אותי על הדשא

**[קריינית]**
פָּגַשְׁתִּי אוֹתִי עַל הַדֶּשֶׁא
יְחֵפָה
רַכָּה
נִנּוֹחָה
בְּשִׂמְלָה צְחוֹרָה
אַוְרִירִית

וְהַלֹּבֶן
זָהוּב וְקָסוּם
בְּשֶׁמֶשׁ אַחַר הַצָּהֳרַיִם

וּקְרוֹבוֹת
אֲנַחְנוּ מְחַיְּכוֹת אַחַת אֶל הַשְּׁנִיָּה
עָמֹק
בְּתוֹךְ הָעֵינַיִם

## Once and for All

**Speaker:**
I thought I managed
Once-and-for-all
To calm, even transform
This inner turmoil of
What-Have-I-Done

That the embrace, the smile,
The caressing words
Have seeped through
And she is breathing easily now

Except today,
Seized by What-Have-I-Done
Her haunted eyes
Spitting fear, dripping shame
I realize
My inability to change
Or cut her down

Still, when I reach her
And she is calmed once again
I will just sit and breathe with her
Although I know
That *once and for all*
Is to no avail
Unless I write
A fairy tale

## פעם אחת ולתמיד

**[קריינית]**

חָשַׁבְתִּי שֶׁהִצְלַחְתִּי
פַּעַם אַחַת וּלְתָמִיד
לְהַרְגִּיעַ, אוֹ אֲפִלּוּ לְשַׁנּוֹת
אֶת תְּזָזִיתִי־מַה־עָשִׂיתִי

שֶׁהַחִבּוּק, הַחִיּוּךְ, וְהַמִּלִּים הַמְּלַטְּפוֹת
הִלְחֲלוּ
וְהִיא נוֹשֶׁמֶת סָדִיר

אֲבָל הַיּוֹם
כְּשֶׁהַתְּזָזִית אָחֲזָה בִּי
וְעֵינֵי הַמַּה־עָשִׂיתִי הִשְׁתַּקְּפוּ
יוֹרְקוֹת פַּחַד, זוֹלְגוֹת כְּלִמָּה
וְלֹא יָדַעְתִּי מִמַּה וְעַל מָה
הֵבַנְתִּי,
שֶׁלֹּא אַצְלִיחַ לְשַׁנּוֹת אוֹתָהּ
וְלֹא אוּכַל לְהַשְׁמִידָהּ

אָז כְּשֶׁאַגִּיעַ אֵלֶיהָ
וְהִיא שׁוּב תֵּרָגַע
אֲנִי פָּשׁוּט אֵשֵׁב וְאֶנְשֹׁם אִתָּהּ
לַמְרוֹת שֶׁאֵדַע
שֶׁלֹּא יִהְיֶה פַּעַם
אַחַת
וּלְתָמִיד
אֶלָּא אִם כֵּן —
אֶכְתֹּב אַגָּדָה

# Epilogue

Selected poems from *The Sea Is Your Witness (2016)*

## Now

I will sleep now –
Like a baby
I will follow my tune
Even closer
I am the act, the director,
I am the composer

No one remembers anymore
If I was dragged, joined
Or just went astray
But from here on
I will not be a pawn
In someone else's play

Peaceful
I'll just lie here quietly
I am the tune
No waves, no foam, no scum
Seeing and being seen
Clear and sound
Like a baby

## עכשיו

עַכְשָׁו אֲנִי אִישַׁן לִי —
כְּמוֹ תִּינֹקֶת
אַקְשִׁיב לַמַּנְגִּינָה
אֶהְיֶה הַמַּחֲזֶה וְהַבִּמּוּי
וְגַם הַמַּלְחִינָה

כִּי אִם נִגְרַרְתִּי, הִצְטָרַפְתִּי אוֹ קָפַצְתִּי
אִישׁ כְּבָר לֹא זוֹכֵר
אָז אֲנִי עַכְשָׁו אִישַׁן לִי
כְּמוֹ תִּינֹקֶת
גַּם אִם אֲאַחֵר
לֹא אֶהְיֶה יוֹתֵר פִּיּוֹן בְּמַחֲזֶה
שֶׁל מִישֶׁהוּ אַחֵר

שְׁלֵוָה
אֶשְׁכַּב כָּאן בְּשֶׁקֶט
אֶהְיֶה הַמַּנְגִּינָה
בְּלִי גַּלִּים, קֶצֶף, אוֹ יְרֹקֶת
צְלוּלָה
אֶרְאֶה וְאֵרָאֶה
כְּמוֹ תִּינֹקֶת

## Suddenly One Morning (2)

A victim no more, not done
Suddenly one morning
You rub your eyes and realize
Your life has just begun

No need to check the clock
Or the position of the sun
You know it's not too late
To have another run

## פתאום קם אדם

פִּתְאוֹם קָם אָדָם
לֹא קָרְבָּן
מְשַׁפְשֵׁף אֶת הָעֵינַיִם
מֵבִין שֶׁהוּא כָּאן
לֹא מַבִּיט בַּשָּׁעוֹן
לֹא בּוֹדֵק אֶת הַשֶּׁמֶשׁ

יוֹדֵעַ שֶׁלֹּא מְאֻחָר

לְהַתְחִיל שׁוּב מַסָּע
וְלִבְדֹּק אֶת מָחָר

## Open the Closet

Open the closet
Throw it wide
Not just for the bird
Who will no longer hide

Here is where the story lies
Although yet to be written
Open the closet wide
Expect to be bitten

Empty the closet
Reveal the skeletons
You might stumble upon
Disturbing evidence

Create a clear space
Be a brave host
Call in the echoes
Welcome the ghosts

## פיתחו את הארון

פִּתְחוּ אֶת הָאָרוֹן
פִּתְחוּהוּ רָחָב
לֹא רַק לַצִּפּוֹר
שֶׁחִפְּשָׂה תַּ'מֶּרְחָב

יֵשׁ פֹּה סִפּוּר
רַק קָצֵהוּ נִכְתַּב
פִּתְחוּ אֶת הָאָרוֹן
גַּם אִם יִכְאַב

נַקּוּ אֶת הָאָרוֹן
תְּנַקּוּ יְלָדִים
גַּם אִם תִּפְּלוּ
בְּהִתְקָלוּת עִם שְׁלָדִים

צָרוּ בּוֹ חָלָל
קִרְאוּ לְהֵדִים
בְּלִי לְמַצְמֵץ —
שֶׁיִּבְרְחוּ הַשֵּׁדִים

## Note or Not

To be seen
While out of sight

To burn it all
Yet keep in mind

To be mentioned
Without a sound

To leave a note
That won't be found

## גלויה נסתרת

לִהְיוֹת גְּלוּיָה
נִסְתֶּרֶת
לִשְׂרֹף הַכֹּל
וְגַם לִשְׁמֹר מַזְכֶּרֶת
לִהְיוֹת מֻזְכֶּרֶת
אַךְ לֹא עֲטֶרֶת
לֹא לְהַשְׁאִיר דָּבָר
חוּץ מִגְּלוּיָה
מֻסְתֶּרֶת

## On That Day

Black
  Foul
    Muddy lava
      Oozed out
        Through cracks
        In her feet
          And there was
        No way
           Back

## וביום ההוא

וּבַיּוֹם הַהוּא
לַבָּה שְׁחֹרָה
רָעָה
עֲכוּרָה
נָזְלָה הַחוּצָה
דֶּרֶךְ כַּפּוֹת הָרַגְלַיִם
וְלֹא הָיְתָה לָהּ דֶּרֶךְ
חֲזָרָה

## I Learned to Improvise

I learned to improvise
When the day turned sour

Saved from complacency
By a thorny flower

From the depth of my wound
I drew will and power

## למדתי לאלתר

לָמַדְתִּי לְאַלְתֵּר
כְּשֶׁלֹּא הָיָה נוֹחַ

מֵהַשַּׁאֲנַנּוּת נִצַּלְתִּי
בִּגְלַל הַחוֹחַ

מִמַּעֲמַקֵּי הַפֶּצַע
שָׁאַבְתִּי כֹּחַ

## The Ball of Shame

The ball of shame
That crushed my heart
Smashed my ribs
Paralyzed me with fears

The ball of shame
That stuck in my throat
Pecked my eyes out
Tore and deafened my ears

No longer will it be a source of scare
No longer clad in armor will I crawl back to my lair

I will catch and hold it
Look it in the eye
Then hand it back over
Farewell and Goodbye

## כדור הבושה

מְכַּדּוּר הַבּוּשָׁה

שֶׁמָּעַךְ אֶת לִבִּי
רִסֵּק צַלְעוֹתַי
וְשִׁתֵּק אֶת קְרָבַי

שֶׁנִּתְקַע בִּגְרוֹנִי
נִקֵּר אֶת עֵינַי
וְהֶחְרִישׁ אֶת אָזְנַי —

לֹא אֶתְפֹּס מַחֲסֶה עוֹד
לֹא אֶתְעַטֵּף בְּשִׁרְיוֹן אוֹ אֶזְחַל לַמְּאוּרָה

אֲנִי אֶתְפֹּס אוֹתוֹ
אֶאֱחֹז וְאַבִּיט
בְּלִי מוֹרָא

וְאֶמְסֹר אוֹתוֹ

בַּחֲזָרָה

## Perhaps It Was Only a Dream, Mother

When **Silence** left the room
Followed by **Deceit**
**Promise** was blowing behind you
Like a wind beneath the wings

It made you lean over
To assure me, "I see you"
While the hand of your mother
Whom I never knew
Caressed my heart from within

## או חלמתי חלום

כְּשֶׁשְּׁתִיקוֹת עָזְבָה אֶת הַחֶדֶר
וּשְׁקָרִים בְּעִקְבוֹתֶיהָ
הַבְטָחָה נֶעֶמְדָה מֵאֲחוֹרַיִךְ
וְנָשְׁפָה רוּחַ גַּבִּית

שֶׁכּוֹפְפָה אוֹתָךְ אֵלַי
לוֹמַר
אֲנִי רוֹאָה אוֹתָךְ
וְיָדָהּ שֶׁל אִמֵּךְ
שֶׁלֹּא הִכַּרְתִּי —
מְלַטֶּפֶת
אֶת לִבִּי

## Here to Stay

Throw insults her way
She will wear them with pride

Mark boundaries for her
This won't narrow her stride

She is here to stay
And will no longer hide

Tucked away in a drawer
That keeps opening wide

## לא בורחת

קִרְאוּ לָהּ בִּשְׁמוֹת גְּנַאי
וְהִיא תִּתְעַטֵּף בָּהֶם
לְהִתְהַדֵּר
סִמְּנוּ לָהּ גְּבוּלוֹת
וְהִיא תִּרְמֹס
אֶת הַגָּדֵר

הִיא לֹא בּוֹרַחַת
וְגַם לֹא תִּסְתַּגֵּר
כִּי מְגֵרָה
בָּהּ דּוֹחֲפִים אוֹתָהּ
מְסָרֶבֶת לְהִסָּגֵר

## The Sun Came Out Today

The sun came out today
From behind my collarbones
Shining through my rib cage
Lighting my way
To four corners of the earth
And a thousand more

Cleansed by the sun today
I am given a golden halo
A hint of a smile
As the whispering sun assures me:
You are all right
Beasts stay away from warmth and bright light

## היום השמש זרחה לי

הַיּוֹם הַשֶּׁמֶשׁ זָרְחָה לִי
מֵאֲחוֹרֵי עַצְמוֹת הַבְּרִיחַ
הִפְצִיעָה מִבֵּין צַלְעוֹתַי
וּפָרְצָה לִי אֶת דֶּרֶךְ הַמֶּלֶךְ
לְאַרְבַּע כְּנָפוֹת וְעוֹד אֶלֶף

הַיּוֹם הַשֶּׁמֶשׁ כִּבְּסָה לִי
מֵרְקָה
קָלְעָה לִי זֵר שֶׁל זָהָב
נִדְמֶה חִיְּכָה לְהֶרֶף
כְּשֶׁלָּחֲשָׁה:
לְאוֹר מַזְמִין וְחֹם
לֹא בָּאוֹת חַיּוֹת טֶרֶף

## An Oath

Keep going
No self-pity
Any way you swim will do
It doesn't have to be pretty

At the lowest ebb
Wait for the tide
You will not only float
But soar and glide

Take an oath
And catch the breeze
Nothing to wish for
No one to please

The sea is your witness
In its calm and might
In the quiet and still
Of approaching midnight

## נדר

בַּחֲתִירָה
בְּגַב
אוֹ בֶּטֶן
אַל תַּרְפִּי
גַּם אִם לַמַּיִם
רֵיחַ שֶׁתֶן

כִּי הִנֵּה הַשֵּׁפֶל חָלַף
וְתוֹר הַגֵּאוּת יַגִּיעַ
מִפְרָשׂ יִצְמַח
מֵעֲלִיָּה וְחֶדֶר,
בְּשִׁיּוּט —
לְבֵד יִלְחַשׁ אָז נֶדֶר:

כְּלוּם —
לֹא לִרְצוֹת
אִישׁ —
לֹא לְרַצּוֹת
וְכָל הַיָּם שׁוֹמְעִים
בַּשֶּׁקֶט
שֶׁל כִּמְעַט חֲצוֹת

# About the Author

Hagit Vardi grew up on a kibbutz in Israel. She trained as a flutist and later in the healing arts as a Feldenkrais Practitioner. She emigrated to the United States and lives in Madison, Wisconsin, where she works in the Integrative Health program of the University of Wisconsin Hospital and Clinics. In addition to patients, Vardi works extensively with musicians and artists who suffer from performance-related injuries and teaches Feldenkrais for Musicians courses and workshops with her husband Uri Vardi.

Vardi's journey exploring mind-body relationships with the Feldenkrais Method led her to a movement workshop in 2012, after which she began to articulate emotions and thoughts that previously she only expressed through music. Vardi has published five poetry collections in Hebrew with Pardes Publishing—*Glass Girl* (2013), *In Lieu of Choking* (2015), *And She Wasn't Damaged* (2015), *The Sea Is Your Witness* (2016), and *When the Moon Listened* (2022). *And She Wasn't Damaged*, poems written for speaker and chorus, was staged as part of the 2015 Tel Aviv Citizen Here Festival for original theater on human and civil rights. Vardi's poems have been published in newspapers, literary magazines, and on radio. They attract attention among mental health professionals and the centers for assistance for victims of sexual abuse in Israel.

# About the Translator

## Daphna Ben Yosef (1962 – 2021)

Translator and content writer Daphna Ben Yosef had a deep passion towards both Hebrew and English. Her translations include *The 29% Solution* by Ivan R. Misner and Michelle R. Donovan, *The Biology of Belief* by Bruce H. Lipton, and *Feel the Fear and Do it Anyway* by Susan Jeffers. Ben Yosef earned her degrees in both Theater and Language Interpretation and Translation from Tel Aviv University in Israel.

CPSIA information can be obtained
at www.ICGtesting.com
Printed in the USA
BVHW030940271022
650417BV00005B/18